Editorial Círculo Rojo
www.editorialcirculorojo.com

El secreto de mi infancia

El secreto de mi infancia

Raúl Úbeda López

Editorial Círculo Rojo
www.editorialcirculorojo.com

Primera edición: marzo 2015

Editorial Círculo Rojo.
www.editorialcirculorojo.com
info@editorialcirculorojo.com
Colección Novela

Edición: Editorial Círculo Rojo
Maquetación: Germán Fernández Martín
Fotografía de cubierta: © Fotolia.es
Diseño de portada: © Antonio López Galdeano

Producido por: Editorial Círculo Rojo.

ISBN: 978-84-9095-570-3

DEPÓSITO LEGAL: AL 178-2015

IMPRESO EN ESPAÑA – UNIÓN EUROPEA

PRÓLOGO

Recuerdo que era una tarde cualquiera de verano; cuando todo el mundo estaba en la playa, a mí me tocaba ir a trabajar. Fue en 2009 y eran aburridísimas esas primeras horas donde nadie viene a comprarte una mísera bolsa de palomitas de maíz o tan siquiera una piruleta. Menos mal que allí estaban ellos, ¡los chicos de seguridad! Eran mi salvación en esas horas muertas donde tan solo te apetecía cotillear un poco (sí, me encanta chismorrear), pero justo esa tarde no estaba el mismo hombre de siempre, esta vez había otro nuevo. Creo recordar que lo vi hablando un día con el encargado, porque estaba reclutando personal nuevo, pero es un recuerdo bastante confuso…, puede ser que me equivoque de hombre, pero ahí estaba y era nuevo. ¿Por qué no podría ser uno de ellos?

El caso es que este individuo era diferente a aquellos con los que yo estaba acostumbrada a hablar y chismear, compartir risas y hacer algún que otro contrabando de chucherías. Era un hombre bastante serio, comprometido con su trabajo e iba a lo que iba…, ¡a trabajar! Así que se me acabó el chollo. Era tan cortante su presencia que solo te atrevías a saludarle y poco más.

Pero con los demás el buen rollo abundaba y como acaba siendo un día a día con ellos te acabas haciendo con todos prácticamente. Sí, él también cayó. Aquella persona de apariencia ruda resultó ser el alma de la fiesta. ¡Quién lo diría!

Las tardes volvieron a ser amenas y, aunque nunca dejaba de hacer su trabajo, porque era lo primordial, las coñas estaban, la complicidad también y una amistad empezaba a forjarse.

Había tan buen rollo entre seguridad y las chicas de la tienda de las chuches que acabamos siendo un grupito de cenas los sábados al término de nuestra jornada laboral. Nuestro rincón, el Bar Secreto. Tengo tantos recuerdos de esa época, tan épicos y divertidos, que me entra nostalgia.

Después de cinco años sin trabajar allí, puedo remarcar que Raúl es un gran amigo, por no decir el mejor de aquel equipo de seguridad, con el que sigo compartiendo momentos geniales, familia perruna y un trocito de este libro. He de decir que me siento halagada y agradecida por ser una de las elegidas para hacer esto y compartir algo tan especial para él. Como también remarcar que el libro os dejará atónitos; podréis entender cómo una persona que a simple vista parece arisca, no lo es, y que siempre hay un trasfondo que explica el porqué.

Yaiza Florido Sanz

INTRODUCCIÓN

Debido a este último año, que ha sido más revelador que gratificante, me gustaría sincerarme en estas líneas con lo que he vivido desde pequeño y que tendré que llevar conmigo el resto de mi vida.

Digo revelador porque por motivos de salud he tenido que tomar una serie de decisiones diferentes a las que tomaría un padre de familia en los tiempos que corren, ya que en estos momentos en España se vive una crisis económica bastante complicada.

No voy a hablar de la crisis, al menos de la económica no.

Mi salud a día de hoy ha mejorado, ya que uno siempre quiere demostrar más de lo que puede hacer, uno intenta ser el mejor, intenta ser fuerte, aguanta el dolor y no va al médico, hasta que simplemente se rompe.

Después de distintos ataques de ansiedad, provocados por lo que bastante más adelante comentaré, mi espalda se rompió. Siendo competidor de *power lifting*, una modalidad de levantamiento de peso, habiendo competido en *fitness* y culturismo, me lesiono de gravedad. Lo curioso es que ocurre estando de vacaciones cuando me levanto de la cama por la mañana. Como la seguridad social está desbordada, te mandan a casa con antiinflamatorios y reposo, pero aquel dolor era diferente, porque no podía andar. Las piernas no me respondían, así que opté por ir a unas fisioterapeutas que son también osteópatas a que me dieran su opinión, porque en su día me solucionaron un problema muscular en el antebrazo y no podía ni sostener la taza del café con la mano debido a ello.

—Buenos días, Raúl, explícame lo que te sucede.

—Pues no lo sé, la verdad. Al levantarme de la cama me quedé clavado hace un mes y no puedo caminar. Mi sensación es diferente a la de un lumbago corriente.

—Bien, pues comencemos. Haremos un examen y explícame si alguna vez has tenido alguna caída o accidente.

En la consulta describí todo mi historial médico y enseguida se dio cuenta de que no caminaba bien y detectó una lesión en la columna.

Esas visitas me ayudaron a comprender lo que debía hacer y no me atrevía. La lesión eran dos vértebras giradas además del sacro desplazado. Esto era el primer aviso de que tenía que tomar una decisión importante para solucionar ese problema. En las sesiones me preguntaba:

—¿Alguna vez has tenido ansiedad?

—La verdad es que sí.

—¿Y a qué ha sido debido?

—La primera vez fue horrible porque no podía respirar. Fue cuando vi a mi madre sufrir por su enfermedad y me colapsé.

—¿En alguna ocasión más?

—Sí. En el trabajo me ha pasado con más frecuencia de lo habitual, pero ahora lo controlo con pastillas cuando tengo un brote.

—¿Qué te dijeron los médicos?

—Que cambiara de trabajo.

—¿De qué trabajas?

—Trabajo de vigilante de seguridad en un centro comercial.

—¿Te causa estrés?

—Bastante. Las situaciones a veces se descontrolan y tengo muchos enfrentamientos con la gente.

—Te recomiendo que lo soluciones, de lo contrario empeorará tu salud. La lesión de espalda es por el estrés que sufres y se te ha reflejado en la espalda, como podría haber derivado en cualquier otra lesión. Sé que estamos en unos tiempos complicados para cambiar de trabajo, pero no estás bien.

Hace pocos meses, para ser más exactos en este verano de 2014, comienzo a no ver bien. Veo manchas y me cuesta centrar la atención y ver con claridad; de hecho, no podía leer porque las manchas tapaban las letras. Otra vez la misma canción con la seguridad social; en esta ocasión, para la cita con oftalmología debían pasar doce meses. Así que por recomendación de un compañero de trabajo fui a un oftalmólogo de pago, ya que mi visión iba a menos y me tenía preocupado.

Después de varias visitas, y gracias a que dos amigos me pudieron acompañar, (ya que parte del tratamiento consistía en un colirio para dilatar las pupilas y no podía conducir) me detecta lesiones en la retina del ojo derecho y tengo problemas dentro del líquido del ojo, hipermetropía, etc.

—Buenas tardes.

—Hola, doctor.

—¿En qué te puedo ayudar?

—Veo manchas, no consigo ver las letras al leer y tengo fuertes dolores de cabeza. Me cuesta mucho esfuerzo concentrarme.

—¿Trabajas?

—Sí.

—¿Dónde?

—De vigilante de seguridad en un centro comercial.

—Ese trabajo te causa estrés, ¿verdad?

—Pues sí, doctor.

—Raúl, los ojos son un conjunto del cuerpo. Cuando sufres estrés, recorre todo tu cuerpo como si fuera corriente eléctrica. Esta vez te ha afectado a la vista y lo podemos remediar, pero piensa si merece la pena que vuelvas a sufrir algo similar y fuera lo afectado un órgano vital.

Total, que lo del líquido del ojo es debido a nervios y estrés y debía solucionarlo o me podía quedar ciego, ya que esas manchas irían en aumento. Otro dato revelador.

Por Dios que el oftalmólogo me abrió los ojos, nunca mejor dicho y en la vida hay que ser valiente. Esta fue para mí la otra gran manifestación de este año, y que me ha ayudado a tomar la decisión de ofreceros mi propia experiencia en el ámbito que os relataré en este libro.

Intentaré explicarme lo más claramente posible, aunque decir las cosas claras para mucha gente es más un defecto que una virtud; así soy y así me presento.

1

CAPÍTULO

Hola, mi nombre es Raúl y fui un niño maltratado.

No puedo decir cuándo empezó todo esto, pero sí he de hacer memoria para recordar momentos de mucho dolor, sufrimiento y castigo.

Hace treinta años, mi padre tenía la edad que tengo ahora justamente. Lo recuerdo como si fuera ayer. Por aquel entonces yo era un niño de seis años. No era demasiado consciente de lo que sucedía, pero sí de lo que veía a mi alrededor.

Nací en Jaén hace treinta y seis años, tercer hijo de cuatro.

Qué puedo contar de mi vida...

La verdad es que lo puedo contar todo, ya que no tengo por qué esconder nada.

Era un niño normal, que en los años ochenta le encantaba salir a jugar a la calle con los amigos y destacaba en los estudios. No conservo apenas nada de aquella época, pero recuerdo mis juguetes; pese a no ser los mejores, los cuidaba muchísimo.

Los juegos de aquella época iban por modas, las cuales se repetían al menos una vez al año, como las canicas, el trompo, el yoyó y los cromos, los cochecitos de metal, etc. Después teníamos los partidos de fútbol en el parque, jugar a la lima. Nos creábamos nuestros propios juegos como escopetas de gomas, de fabricación casera con madera, pinzas de madera de la ropa y gomas de pollo. Eran otros tiempos y la tecnología estaba aún muy lejos, tanto que los teléfonos no estaban en todas las casas y en la televisión no emitían más que en dos canales, ni había mando a distancia.

Recuerdo con cariño las series de dibujos animados de los sábados por la tarde y los videoclips de los programas de música de aquel entonces.

Normalmente, los sábados por la tarde, cuando despertaba mi padre de dormir la mona a la hora de la siesta, lo acompañaba a su ruta de bares por el barrio de Peñamefécit de Jaén.

Allí también tenía un negocio donde más adelante os comentaré las peripecias que acontecerán, pero como son recuerdos intermitentes, que cuesta a veces ordenarlos cronológicamente, intentaré relatarlo con todos los detalles posibles, conforme vayamos llegando a los diferentes lugares.

Los veranos en Jaén son asfixiantes, ya que a la sombra se puede alcanzar una temperatura de cuarenta grados, pero las vacaciones eran vacaciones, y a mí me gustaba ir al taller de mi padre porque mi hermano también estaba trabajando allí y me divertía mucho con él. No siempre estábamos en el taller, algunos días íbamos a hacer alguna visita a clientes o al polígono industrial a por material. Era toda una aventura, incluso me compraron un uniforme para ir vestido como ellos.

El resto del año, menos los festivos de Navidades y demás, el año estaba caracterizado por el colegio y, conforme fui creciendo, por el deporte.

Del invierno puedo destacar el frío que pasaba. Mi pijama bajo el pantalón de pana, dos pares de calcetines, mis botas amarillas de agua. Creo que esas botas amarillas las amorticé mucho, no había charco que se me resistiera, además de los trucos que empleaba mi madre en usarlas hasta que se rompieran, como, por ejemplo, poner talco para deslizar el pie aunque apretara un poco. Creo que si mi madre aún viviera, me seguiría poniendo talco en esas botas los días de lluvia para que no me mojase los pies y no me resfriase.

Esos días de frío y lluvia siempre acababa empapado y mi hermana pequeña y yo nos poníamos bajo la mesa, donde había un brasero, nos vestíamos con los pijamas para calentarnos y hacíamos los deberes. Recuerdo aquella sensación de gustito bajo aquella mesa; eran otros tiempos. ¿Cuántos calcetines habré roto? Los llevaba todos zurcidos. ¿Cuántos jerséis de lana me habré puesto hechos por mi madre? Obviamente, también guardo gratos recuerdos e intento que no se me olviden, porque es lo que realmente me identifica como persona, aquellas pequeñas vivencias con las que creces y te hacen sentir bien contigo y con los que te rodean.

La primavera se caracteriza por el olor. Allí, al haber tantos olivos, crecen las flores y creedme que el polen que sueltan es brutal. No soy médico, pero una persona con alergia al polen allí lo pasaría peor que aquí seguro. Olor a naturaleza, además de las higueras que cada vez que huelo una me recuerdan a las excursiones al campo con el colegio o cuando los vecinos o familiares me llevaban con ellos un fin de semana.

En casa no recuerdo que mi padre nos llevara a ningún sitio. Rectifico, en una ocasión tuvo el gran detalle de llevarnos al zoológico de Barcelona y conservo una fotografía de aquel día en la que salgo con mi hermana.

2

CAPÍTULO

Aún era yo pequeñito, pero los recuerdos más nítidos son a partir de mis ocho años. Recuerdos de antes de mi primera comunión.

Por supuesto que no olvido a mi hermana pequeña recién nacida y cuando se quedaba dormida en la cama de mis padres; no me movía de allí para que no se cayera, pero son recuerdos infantiles, como cuando tuve fiebre y tuve alucinaciones; aún sé lo que aluciné. Un concierto de *rock* dentro de la lavadora. Esas fiebres infantiles con anginas son malísimas.

La boda y el bar de mi hermano, el hecho de que ya no trabajara con mi padre fueron demasiados cambios en poco tiempo; no conseguía comprender por qué mi hermano ya no vivía con nosotros. Compartíamos habitación y me cuidaba a su manera, porque los amigotes son los amigotes y que te hagan llevar al pequeño, como que te corta el rollo. Por aquel entonces estaba el *break dance* y me flipaba cómo lo bailaba. Me había perdido tanto... Aquello se empezaba a torcer porque hubo griterío en casa, de mis padres y mi hermano de por medio, pero no alcanzaba a entender nada, justo antes de su boda.

La boda fue precipitada. Hubo gritos en casa porque al parecer mi hermano había dejado embarazada a su novia. Entonces fue cuando me interesé por el embarazo de una mujer. Cuando me dijo el hermano mayor de un amigo cómo se hacía y por dónde salían los niños creo que me quedé blanco. Pero esto concierne más a mi hermano que a mí; aun así hubo mucha tensión en casa.

Me sentí vacío al ver que mi compañero de habitación ya no estaría conmigo nunca más, y lloraba muchas noches. Lo que más me llenaba era cuando venía de visita, pero eso sucedía poco. Yo quería que se quedase, pero él no podía porque tenía que cuidar de su mujer y de su bebé. No me siento mal por decir que lloraba su ausencia, me siento mal porque nunca se lo he dicho. Nunca le he dicho cómo me sentía ni cómo me sigo sintiendo, porque es algo que nunca recuperaré y que tuve durante muy poco tiempo. El amor fraternal. Se me hace un nudo en la garganta y se me saltan las lágrimas. Sé que cuidó de mí y me defendió para que mi padre no me pusiera la mano encima, pero era inevitable, tarde o temprano ocurriría.

Conservo fotos del taller de mi padre. La ropa de trabajo era de color azul, y me lo pasaba bien porque, aparte de trabajar mi hermano y mi padre, también trabajaba mi primo. Ellos deberían tener los dieciocho años aproximadamente y a mí me causaban admiración. No sé si le pasa a todos los niños, pero veía a los mayores muy grandes, tanto en tamaño como por la voz o como por todo en general. Intentábamos siempre gastarnos bromas e incluso a veces los acompañaba a tomar las medidas que necesitaban para hacer los presupuestos a los clientes.

Cada sábado por la mañana iba al taller con ellos y para mí era diferente a estar en casa y el hecho de acompañarlos me hacía sentir importante.

Pero no siempre fue divertido.

A día de hoy miro atrás y veo que no todo ha sido tan malo y he tenido una buena vida, no me puedo quejar. He conseguido grandes logros personales y reconforta pensar que después de todos los miedos que he tenido de pequeño, y que pensaba que nunca superaría, haya sido capaz de seguir haciendo mi camino. No puedo negar que aún quedan resquicios y que no es que no se puedan superar, sino que tengo que llevarlos conmigo porque son vacíos que no podré llenar nunca. Las deficiencias de uno mismo a veces las provocamos nosotros mismos por miedos que nos han inculcado de pequeños. Cuesta relacionarse con según qué tipo de gente cuando uno no acaba de arrancar, no sabe realmente cómo debe expresarse o agradar simplemente. Pero con el tiempo se llega a solucionar. Es el miedo o tú. Por suerte, algunos los he podido superar, pero creo que si hubiera estado en manos de profesionales, lo podía haber hecho todo mucho antes y en aspectos de mi vida podría mejorar. ¿Quién sabe? Lo mismo un día me decido y me pongo a disposición de ellos, pero de momento lo veo remoto, aunque hacen una gran labor.

Hablo de grandes logros porque he superado grandes miedos.

Para mí han sido unos cuantos, por ejemplo, el complejo físico. En esta ocasión, ha sido un reto personal muy logrado y no era complejo por tener sobrepeso. En el colegio ya hacía balonmano y no se me daba mal, pero que los contrarios fueran agresivos a mí sinceramente me acojonaba. No podía con eso. En el instituto lo retomé, incluso me seleccionaron para el equipo de la ciudad, pero opté por ir al gimnasio a hacer artes marciales. Cuando lo comenté en casa, mi padre para variar lo tiró todo por tierra y dijo que aparte de ser caro era una mierda. Lo más económico era hacer acondicionamiento físico, pues tenía tan solo quince años, pero como el balonmano no me llenaba por mis miedos y siempre había admirado los físicos grandes y fuertes me decanté por las pesas. Pensaba que si entrenaba y me ponía grande como un roble, nadie se metería conmigo. La verdad es que he hecho muchos amigos y es cierto que te da una autoestima especial. Ves la evolución que vas consiguiendo a lo largo de los meses desde que empiezas.

Hasta eso tenía que ridiculizar mi padre para comerme la moral, pero ya comenzaba a tenerla intacta, con lo cual podía decir lo que quisiera porque me puse a trabajar para poder costeármelo sin pedirle nada.

Y así fue. Años trabajando en una churrería y la comprensión de mi entrenador por las dificultades que tenía para pagar algunos meses hizo que me llevaran al mundo de la competición obteniendo buenos resultados, incluso saliendo en revistas de ese mundillo.

Toda una liberación, porque pude hacer todo esto cuando mis padres se separaron. Logré comprarme el coche que quería, conseguí estudiar lo que quería, hice todo en su momento y bien hecho.

Malos momentos en los trámites de la separación porque fue todo muy violento, con amenazas e intentos de suicidio que más adelante comentaré, porque estoy narrando prácticamente mis dieciocho años y debo volver a mi infancia de nueve años.

3

CAPÍTULO

Mis nueve años. No puedo ni quiero imaginarme hacerle a mi hijo lo que mi padre me hizo a mí. Yo disfruto cada momento que paso con él. Valoro muchísimo esa complicidad que tenemos y lo que aprendo cada día a su lado; ¿cómo puedo traicionar esa confianza?

Sinceramente, creo que cuando ocurre esto —cierto es que uno puede perder los papeles en un momento determinado o tener trastornos o llámalo como quieras—, para mí es que no quieres a esa persona. Yo puedo no querer a una persona, como no quiero a quien no conozco o me hace daño, pero para castigar físicamente a un niño y es más, a tu propia familia, sea mujer o hijos, es que los odias. Esa mirada asesina cuando te golpeaba es de odio, esa manera de pegar sin cesar pese a los llantos y verte sangrar es de desprecio. No puede atribuir un maltrato a estar borracho. Puedo entender que si eres una persona agresiva, te pueda ayudar a ponerte violento, pero no de ese modo. Si pegas así es porque eres así, un maltratador, con y sin alcohol en el cuerpo.

Pues sí, esos veranos los pasaba en el taller de carpintería de aluminio con mi padre y mi hermano y los fines de semana mi padre me llevaba de ruta de bares desde la hora del café hasta la hora de cenar. Recuerdo esa ruta perfectamente y hasta algunos de los nombres de los camareros; alguno de ellos, por suerte, intervino para no llevarme más golpes.

No puedo decir cuándo empezó exactamente porque, cuando era muy pequeño, comprendo que mi madre y mi hermano evitaran que me golpeara, pero mi primer recuerdo de maltrato consciente es de uno de esos sábados de borrachera.

Esos malditos sábados en los que me sacaba de paseo, pero en los que yo era un mero objeto. Pues eso fue una continuación de lo que pasarían diferentes miembros de mi familia.

Se despertó de la siesta a media tarde. Mi madre siempre le hacía café, fuese la hora que fuese, las cuatro de la tarde o las cuatro de la mañana. Así que nos fuimos de bares. Por entonces se fumaba en los bares, evidentemente, y el paquete de tabaco negro que fumaba costaba cuarenta pesetas. Aquellas máquinas en las que se leía: *Su tabaco, gracias*. Después de un café y tres copas de coñac barato tocaba consumir cerveza. Yo no soy asiduo al alcohol, pero si salgo a comer con amigos sí puedo tomarme algún orujo. Si me bebo tres, creo que bailo *reggaeton* encima de una mesa.

La cosa se iba calentando, todo esto haciendo la famosa ruta turística de bares y de máquinas tragaperras. Lógicamente, lo conocían en todos sitios y llegamos a uno en concreto, donde ocurrió lo siguiente: imaginad a un niño de nueve años, o a vosotros mismos con esa edad, a las nueve de la noche en un tugurio donde lo único en lo que piensas es en llegar a casa, ver a tu madre y cenar viendo la tele para después jugar un rato, por aquel entonces con cochecitos. Pues bien, mi padre paga sus rondas de alcohol y de risas con sus amigos. Yo recojo el cambio para dárselo en mano. Cuando ve que cojo el dinero, no se le ocurre otra cosa que clavarme las llaves del coche en la cabeza, haciéndome una profunda herida. Encima se reía y me decía:

—Sube al coche. ¡Sube al puto coche, que cuando lleguemos a casa te vas a enterar, ladrón de mierda!

—Papá, que yo solo quería dártelo a ti.

—Sí, sí. Ya te conozco. En casa te lo cuento mejor, no te preocupes.

A la gente de aquel bar parece que le causó indiferencia. Únicamente el camarero dijo que tampoco era para tanto, que no se pusiera nervioso, pero ni con música se amansaba la fiera. Lloraba desconsoladamente en aquel Renault Cuatro de color verde. Me fui detrás, porque era una pequeña furgoneta y estaba aterrado con lo que pudiera pasar en cuanto llegara a casa. El «te vas a enterar» retumbó en mi cabeza durante muchos días. Por suerte, no ocurrió nada más ese día al interponerse mi madre y me pude salvar de una buena paliza simplemente por intentar ser simpático.

No sabía cómo me tenía que comportar cuando lo volviera a ver. Mi madre me decía que cuando lo viera le diera un beso y me fuera a mi cuarto para que no se acordara. Así lo hice durante un tiempo, hasta que la historia se repitió una y otra vez durante mucho tiempo. Claro que ya no quería ir con él de bares, pero ese «te vas a enterar»... ¿Qué podía hacer con nueve años? Si me decía que fuera, tenía que ir porque si no mi madre cobraba.

Así que cuando estaba con él, intentaba estar al margen de lo que hacía o decía para no implicarme demasiado. Eso sí, ya no volví a coger el cambio del camarero.

4

CAPÍTULO

Cuando lo acompañaba, y aunque tuviera sed o hambre, yo decía que no me apetecía para no causar problemas. Por eso cuando me ofrecían y me apetecía decía que no, porque no sabía qué reacción podría tener mi padre y si por el hecho de aceptar algo me pondría la mano encima.

Aun así, lo tenía en alta estima. Para mí era siempre quien me llevaba de paseo y no era consciente de lo que estaba viviendo. Un niño debe ser feliz y yo buscaba gozar de su compañía, porque era muy importante. Regalos del día del padre, trabajos en el colegio, donde lo dibujaba a él o a su coche. Me esforzaba para que me quisiera.

Pero aquello no había hecho más que empezar.

Parece que se había familiarizado con el tema de castigarme físicamente

En el colegio hice muchos amigos, como todo niño. Recuerdo que en once años nos mudamos de piso cuatro veces, siempre de alquiler, pero solo dos cambios de colegio. Quedábamos por las tardes para jugar los compañeros de clase y en una ocasión le expliqué a uno de ellos lo que ocurría en casa. Me quedé atónito cuando me dijo que estuviera tranquilo, que a él su padre le daba con el cinturón. Me enseñó la espalda y creo que los romanos no daban tantos latigazos en tiempos de Cristo. Decía que había tenido suerte esta vez, porque no le había dado con la hebilla. Tragué saliva, respiré hondo y pensé que, dentro de lo malo, no estaba en el peor caso. Así que mi gozo en un pozo, porque eran secretos que no podíamos contar; si se enteraban nuestros padres, podrían castigarnos y a saber cómo y con qué. Eran nuestros secretos de la infancia.

La vida continuaba su curso normal y llegó uno de esos días en los que estás jugando en la calle y subes a casa acalorado de correr y vas a la nevera para coger el agua fresquita. A todo esto, mi padre me pidió que le llevara el jarro del agua. Un jarro de plástico de color azul. Yo bebí en la cocina antes de llevarle el jarro porque iba expresamente a ello. Se lo llevé y me preguntó:

—¿Has bebido del jarro?

—Sí. Es que he subido de…

Ni dejó explicarme. Me dio dos tortas en la cara que hasta se me cayó al suelo y lo llené todo de agua. Para colmo, tuve que recogerla entre sollozos porque encima de que te pega, no puedes llorar. Su excusa era que él había pedido el jarro y tenía que beber primero. Pero bueno, parece que no aprendí la lección, porque otro día bebí primero y él me pidió el jarro después. Le llevé el jarro y me preguntó otra vez:

—¿Has bebido agua?

—No.

—Entonces, ¿por qué tienes la boca mojada y el jarro gotea?

Me dio de hostias hasta que pensé en no beber más agua en mi vida. Sé que le mentí, pero me pidió el agua después y no quería cobrar más.

Son situaciones tan absurdas que supongo que solo el maltratador las entenderá o creerá su propia realidad.

Siempre he pensado en el porqué de aquello, si no se podía solucionar; pero si ves que la única protección que tienes es tu madre y es la que más palizas se lleva, poca esperanza hay de salvarse.

5

CAPÍTULO

En Jaén, la gente es bastante religiosa, al menos así lo viví cuando era niño: la Semana Santa, la Comunión, la asignatura de religión en el colegio. No mucho después de aquellas palizas, con unos diez años, iba todos los domingos que podía a la catedral de Jaén para ponerle una vela a un santo y rezarle para que, por favor, aquello se acabara.

Pero parece que tenía otras labores más importantes que solucionar mis problemas; no obstante, me encantaba subir a la catedral porque es grande, con mucha gente en los alrededores, y por dentro espectacular, una construcción que me volvía loco. Tanta tradición y misterio me atraía mucho.

Ya me sentía mayor porque iba a los sitios solo. Pero creo que con diez años, más bien eres vulnerable y además el paseo era kilométrico, pero quizá eran otros tiempos o ahora yo me preocupo más al tener un retoño.

En la temporada en que mi hermano trabajaba con mi padre, hubo una trifulca importante. En aquel taller, cuando se acababa el turno de trabajo, se bajaban los diferenciales para cortar la corriente y la luz de los fluorescentes. Como siempre he sido observador, para ganar puntos, empecé a bajarla, pero como estaba muy alta y no llegaba, utilizaba un tubo de aluminio para bajar el interruptor. Así durante unas semanas, hasta que decidí no bajarlo más con la barra, porque pensé que aquel plástico se podía romper. Entonces me subí a la mesa que había delante para bajarlo manualmente. Dichosa casualidad que lo hice como se tenía que hacer y se produjo un chispazo y olor a quemado. Se acercó rápidamente mi padre:

—¿Qué has hecho? ¡Ya le has dado con el aluminio!

—Que no, papá, que me he subido a la mesa para apagarlo con la mano.

—Eso es mentira, a ver si te gusta el aluminio, ¡mentiroso!

Me persiguió con la barra de aluminio por el taller para darme caza, como si de una rata se tratase. Por suerte, corrí más rápido y no consiguió darme. En la carrera me tiró la barra y la pude esquivar. Mi hermano atónito preguntó qué había pasado y se lo expliqué. Mi padre se calmó un poco y se reía porque no me había cazado. Le tuve que reír la gracia, como si de un chiste se tratara, porque no sabía el final de ese cuento. Cuando vino el electricista y confirmó que aquel chispazo se había producido porque el diferencial era antiguo, mi padre dijo que me había librado de una buena.

Al menos ese día pude dormir tranquilo, pero no fue nada agradable pensar que o corres o te abren la cabeza con una barra de metal. Creo que nunca he corrido tanto.

Allí aprendí a hacer vidrios con forma redonda o espejos con forma redonda. Me resultaba fácil. Me dejaban practicar con retales y yo lo hacía bastante bien. Sólo tenía que poner aquel aparato sobre el vidrio. Una ventosa con un brazo de metal articulado y en la punta una ruleta de cortar vidrio. Esa ruleta hacía el corte en el vidrio o en el espejo y luego tenía que hacer presión por fuera hacia abajo mientras daba unos golpecitos en el mismo corte. Luego lijaba los bordes para que no cortase y ya tenía mi espejo redondo. Ver cómo trabajaban me gustaba; además, habilitaron una oficina en la que hacía los deberes y ellos sus presupuestos, claro.

6

CAPÍTULO

No sé muy bien el motivo, pero mi hermano montó un negocio y dejó el taller; se trataba de un bar no muy lejos de allí. El bar me gustaba más porque era más divertido. Conocías a la gente y ya sabías más o menos lo que querían y les servías las mesas. Incluso me encargaba de pedir los helados al proveedor porque yo los vendía y ayudaba a mi hermano.

Por aquel entonces sufrí dos de las palizas más grandes y las que más me han marcado.

Un día de esos en los que a saber mi padre dónde estaba, vino al taller un cliente:

—Hola, buenos días.

—Hola, señor, mi padre no está, acaba de salir, pero no tardará en llegar.

—Bueno, a ver si me puedes ayudar, necesito unas piezas para unas ventanas de aluminio, a ver si tienes.

—Hay de varias medidas, pero no sé las que necesita.

—No importa, me llevo tres de este tipo y dos de este otro.

—Muy bien.

—¿Qué te debo?

—Pues la verdad es que no sé lo que vale.

—Mira, te doy doscientas pesetas (un euro con veinte céntimos).

—Gracias. Hasta luego.

Aproveché entonces para comprarme unas galletas con chocolate en la tienda de comestibles de al lado. Llegó mi padre y no me dio tiempo a explicárselo, cuando apareció el cliente diciendo que no le valían las piezas. Mi padre me preguntó y le expliqué lo sucedido. Me preguntó por el dinero para devolvérselo al cliente y le dije que no lo tenía, que había comprado unas galletas en la tienda de al lado. Me miró y creí que con esa mirada se me venía el mundo encima. Sacó su monedero y le devolvió el dinero al cliente. Yo no quería que se fuera ese señor, pero era inevitable. No me creyó en absoluto.

—Papá, que he ido a comprarme unas galletas a la tienda de al lado, que tenía hambre.

—Ya estamos otra vez. ¿Y el cambio?

—Aquí está.

—Eso es muy poco. Te querías quedar con el cambio, ¿verdad?

—Que no, pregunta a la tendera, las galletas me han costado ochenta pesetas.

—¡Me has vuelto a robar, hijo de puta!

Me dio tal paliza que me oriné encima. No puedo recordar con claridad los golpes, pero me hicieron marca. Pude escaparme y salí corriendo en busca de mi hermano al bar para que me ayudara, pero no estaba; al menos mi cuñada me pudo dar dinero para el autobús de vuelta a casa. Estaba en el autobús aterrado y llorando con una congoja que no podía ni respirar. La gente me preguntaba qué me había pasado, pero no podía hablar, no me salían las palabras. Una vez en casa, cuando me vio mi madre, me preguntó y le expliqué lo que había pasado, pero al momento llegó mi padre y me echó el guante. Hasta que no se cansó no paró. Tortas, puñetazos, patadas... Eran ladrillazos en la cabeza y en las costillas. Cuanto más le decía que parase, más fuerte me pegaba.

Mi pobre madre no pudo evitarlo. Lo peor no fue orinarme ni llorar ni el dolor físico. Eso era lo de menos, que ya era mucho, lo jodido era que estuve cerca de un mes bajo una cama, con el suelo congelado, abrazado a una almohada para que cuando llegara mi padre a casa ni se acordase de mi existencia. Era pánico lo que sentía al escuchar el tintineo de las llaves antes de abrir la puerta y escuchar su voz. Corría hacia el dormitorio a esconderme bajo la cama de mi hermana, para que no me encontrase en mi cuarto.

Poco a poco fui saliendo hasta que supongo que nos acostumbramos otra vez, pero eran insufribles aquellas cenas forzadas y tener que ir a la cama temprano y no poder disfrutar de la compañía de mi familia porque tenía un miedo terrible a aquella persona.

Claro que esto marca, claro que no lo puedo olvidar ni lo quiero olvidar. Lo llevo dentro como mucha gente y creo que es positivo el hecho de poder contarlo abiertamente y sin tener ese miedo abismal.

7

CAPÍTULO

Hay gente que me considera radical, pero es que hay temas o situaciones por los que no paso. Cierto es que lo intento, como ir a donde todos van, como pudiera ser una boda o una fiesta, pero si no estoy convencido o no me gusta lo que veo, directamente ni voy. Incluso, si hay comentarios que puedan ofenderme o me hagan sentir fuera de lugar, directamente me marcho. Sobre mi personalidad y carácter hablaré al final porque aún queda tela que cortar. Posiblemente, de este modo podréis comprender mi comportamiento con según qué situaciones, debido a todo lo que viví en esos años.

Con nueve años me tuvieron que realizar una intervención quirúrgica debido a una hernia producida por un gran esfuerzo. Debido a que no había camas disponibles en pediatría, me llevaron a la planta de los adultos. Por las noches se podía quedar un acompañante y en una de ellas mi padre decidió acompañarme. Era imposible dormir allí con sus ronquidos y su olor corporal mezclado con alcohol. Hasta mi compañero de habitación estuvo despierto toda la noche. Por suerte, se iba temprano y podíamos descansar un poco más. Al enterarme de que no volvía a quedarse hasta sentí alivio.

Mi madre me preguntó a los pocos días si necesitaba que ella se quedara por la noche y le dije que no hacía falta, porque yo era mayor y no me daba miedo. Quería acompañarme, pero lo tenía prohibido por mi padre. Ella tenía que estar a su disposición para hacerle de comer y lavarle la ropa. Su pregunta me sorprendió, porque siempre había querido estar conmigo. Comprendí que debía dejarla marchar para no complicar lo que podría ser una situación angustiosa para ella.

Más adelante en el tiempo, hubo un acontecimiento particular, como era habitual en aquel piso. Parecía que todo había vuelto a la normalidad. Yo incluso iba a la cama de mis padres y mi padre con su alcohol en sangre me contaba siempre el mismo cuento a medias de *Garbancito*. Se dormía antes de acabarlo y yo esperaba a que se durmiera para poder salir de la cama muy despacito, porque si lo despertaba se enfadaba.

Como todo niño, sentía curiosidad por lo que me rodeaba, incluso aluciné cuando compraron el primer reproductor de vídeo VHS. Siempre me ha fascinado la tecnología y mi curiosidad me llevó a una buena tunda de palos. Aquellas cintas de vídeo tenían unas pestañas que si las presionabas, veías en sí la cinta, así que tocándola, la arrugué y, al reproducirla, se veía mal el trozo que había tocado.

Cuando mi padre se enteró fue directamente a buscarme a mi habitación.

—¿Te gusta el vídeo?

—Sí.

—¿Y las cintas?

Comenzó a golpearme con tal furia y a cogerme del cuello tan fuerte que pensé que me ahogaba allí mismo. Pude trepar sobre un armario. Cómo gritaba aquel hombre porque le había estropeado su cinta. Casi vuelca el armario para volver a atizarme, pero menos mal que estaba cargado de ropa, que si no quizá no lo estuviera contando ahora. Se dio por vencido diciendo que ya bajaría. Estuve dos horas allí arriba hasta que me dijeron que se había marchado. Todo lo que yo hacía era malo, hasta llegué a creer que la situación era cierta, que yo era malo y el castigo debía ser consecuente a mi comportamiento. Por suerte, pronto nos volveríamos a mudar y lo perdería de vista unos meses porque se marcharía a trabajar primero a Reus y después a Barcelona.

En el nuevo piso estuvimos poco tiempo, porque mi padre decidió vender el taller y marcharse a Barcelona. Desconozco si fue una buena venta o si el negocio no iba bien o en Barcelona iba a ir todo mucho mejor. La verdad es que nunca más me puso la mano encima, aunque no quiere decir que no lo intentara.

8

CAPÍTULO

Apenas tenía diez años cuando tuve dos cambios de residencia. Uno en Jaén, como ya he comentado, por poco tiempo, y más tarde a Barberá del Vallés, en Barcelona.

El de Jaén fue por muy pocos meses y la verdad es que me encantaba mirar por la ventana de mi habitación y ver campo. Todo lleno de olivos y poder observar aquel cielo estrellado era impresionante, pero por poco tiempo, porque nos marcharíamos a Barberá, debido al cambio de trabajo de mi padre. Para mí, el hecho de que me cambiaran de colegio y no poder ver más a mis amigos me traumatizó.

Tan solo era un niño que acababa de cumplir los once años y, pese a la insistencia de que no quería irme y los llantos y gritos de que, por favor, no me llevasen, era inútil.

En el colegio estaba muy bien, estaba por aquel entonces cursando sexto de EGB y me iba muy bien con excelentes notas y buenos amigos. Además, estaba jugando a balonmano en el colegio y destacaba y eso me hacía sentir importante; por eso me esforzaba por ser el mejor. Todo dio un gran giro a la llegada a Barcelona. Lo viví de una manera extraña, porque me pareció muy precipitado. Sin acabar el curso, teniendo que matricularme en la nueva escuela, una ciudad totalmente diferente, con gente que no conocía y esperando a vivir en el nuevo piso.

Cuando llegamos y cruzamos Barcelona yo pensaba que estaba soñando. Los edificios eran gigantescos en comparación a los que había visto anteriormente y tanto bullicio de gente me impactó.

Durante unos días estuvimos de acogida en casa de unos familiares mientras llegaban los muebles y pertenencias de Jaén a Barberá. Como no tenía qué hacer, me iba al parque del ayuntamiento a jugar a la pelota y conocí a niños. Al menos era más llevadero que estar en casa encerrado. Corría el mes de marzo y en pocas semanas entraría en el nuevo colegio.

Al principio era el centro de atención, debido a que era la novedad. Mantengo contacto con algunos de mis excompañeros y me siento orgulloso de haberlos conocido.

Las asignaturas me resultaban más complicadas y había otras que se estudiaban en un idioma distinto que yo no conocía.

Un niño de Jaén intentando estudiar en catalán las matemáticas o sociales resultaba complejo; no obstante, lengua catalana en sí me la convalidaban, pero solo el primer año. Al año siguiente tuve el privilegio de que la profesora de catalán me ayudara muchísimo y conseguí aprobar todas las asignaturas sin mayor problema.

Son aquellos profesores que te marcan, como el profesor de matemáticas del año siguiente. Hacían unas clases muy amenas y divertidas, con las que aprendías casi sin querer. Supongo que muchos de vosotros habréis conocido a maestros y maestras así.

Me costó hacer amigos, y muchos días me quedaba en casa escuchando música porque no sabía lo que hacer. Me sentía muy extraño y echaba en falta todo lo que me había dejado en Andalucía, además de todos mis familiares.

9

CAPÍTULO

Siendo aún menor de edad, mi padre ya me llevaba otra vez de ruta de bares; esta vez en otra ciudad, pero con el mismo resultado. Parecía que por haber crecido, ya había perdido el interés por pegarme y eso me aliviaba, pero bueno, era el criado para él. Tenía que ir a por su tabaco, iba a encenderle el coche para que no se quedara sin batería, me desplazaba hasta Ripollet, que es un pueblo cercano, a por su nómina. Pese a tener coche mi padre, tenía que desplazarme yo en autobús, hiciera calor o frío, pero así tenía que ser, hasta que le detectaron una neumonía muy grave.

Yo estaba ya en el instituto. El colegio lo aprobé con buena nota y no tuve dificultad para entrar en el instituto, pero era totalmente diferente. La gente de COU, por ejemplo, era enorme en comparación con todos los pimpollos que entrábamos a cursar primero de BUP. Pocos estudiantes de mi clase de EGB estaban en aquel instituto, pero tuve la suerte de conocer a los que estaban en la clase de al lado en octavo y estaría tres años muy buenos con ellos. Siempre les estaré agradecido por haber compartido momentos tan buenos conmigo.

La neumonía no permitía a mi padre respirar y casi muere debido a que sus pulmones solamente procesaban un cuatro por ciento de oxígeno. Tuvo la suerte de recuperarse parcialmente y poder hacer vida normal, eso sí, con el oxígeno en casa de por vida, pero haciendo esfuerzos se ahogaba. Así que me tuve que poner a trabajar con quince años en la churrería de unos compañeros del gimnasio donde entrenaba. Tenían un negocio y yo comencé por repartir propaganda y más adelante acabaría aprendiendo el oficio. No ganaba mucho, pero al menos podía costearme mis gastos sin la necesidad de pedirle dinero a mi madre. Ella se dejaba la piel trabajando también, mientras que mi padre gastaba todo el dinero que ganaba mi madre en alcohol, máquinas tragaperras y prostitutas.

Tenía que ir al instituto y los fines de semana a trabajar en la churrería. Comencé en el turno de la mañana del domingo, pero como eran buenos maestros, enseguida pude aprender y trabajar los dos turnos para llevar más dinero a casa.

Mi padre tenía la virtud de ridiculizar todo lo que hacía o decía, no sé si para hacer gracia o acabar de hundirme. Entrenaba en el gimnasio porque era algo que quería hacer desde los diez años y con quince lo pude hacer. Allí había un instructor de pesas campeón de España de culturismo y era un auténtico espectáculo verlo entrenar y cuando se preparaba para las competiciones. Me esforzaba mucho para evolucionar progresivamente y le hacía muchas consultas sobre entrenamiento; incluso recuerdo una tabla donde apuntábamos nuestros progresos semanales. Aún tengo amigos de aquel entonces y hace ya más de veinte años de mis inicios.

Pues todo esfuerzo, toda ilusión, siempre la tenía que tirar por tierra. Evidentemente, en casa comentaba lo que había hecho. Mi madre me preguntaba muy entusiasmada cómo me iba y le explicaba si levantaba mucho o poco peso y si había hecho alguna clase de aeróbic. Mi padre entraba a machacarme:

—¿Pero tú qué vas a mover? Si eres un mierda.

—Bueno, hago lo que puedo, acabo de empezar.

—Ya. ¿Y eso del aeróbic?

—Sí, ayer hice una clase y está muy bien.

—Si eso es de maricones, ya decía yo que eras un maricón.

Quiero hacer una aclaración. Ni pienso eso y tengo amigos gays, no me tengáis en cuenta algunas de las expresiones que hay escritas y ruego que me perdonéis. Pido comprensión, pero así es como ocurrió.

A mí eso me desesperaba, pero había crecido y sabía lo que quería hacer y cómo lo quería hacer. Empezaba a ser yo mismo, como soy ahora, pero me quedaba mucho camino por recorrer.

Poco dinero tenía mi padre en el bolsillo y sí mucha rabia contenida para que uno de los días en los que iba a trabajar me esperase en la calle para hablarme. Yo había cumplido los dieciocho años y tuve la suerte de que me contrataran en el centro comercial.

—Oye, te quería preguntar si en el trabajo puedes hacer más horas.

—Pues el contrato es de media jornada y he pedido más horas, pero de momento no hay nada.

—¿Y cuánto cobras?

—Pues unas cincuenta mil pesetas (trescientos euros).

—Pues vaya mierda de trabajo.

—Es lo que hay.

—No me estarás engañando, ¿verdad?

—No sé a qué te refieres.

—¡Pues que toda esta racha de mierda es por tu culpa y no tengo ni para tomar café, joder! ¡Con la mierda de trabajo que tienes no llega para nada!

—¿Sabes qué te digo? Parece ser que te jode que entre tu mujer y tu hijo ganemos más que tú y saquemos el piso adelante y tú seas un lastre y un enfermo que no para de molestar. Me voy a mi mierda de curro.

Conversación grabada en mi mente como marcan a las reses. Él fue directamente a mi madre a decirle que le había hablado mal y que yo no era buena persona. Mi madre le contestó que cómo me habría hablado a mí, para que yo le contestase de ese modo.

Por mi lado fui a trabajar llorando, porque fue muy duro decirle eso a mi padre. Me salió de dentro y no lo pude contener.

Esto llevó a que la tomara conmigo, pero era una situación diferente. Mientras continuaba con mis entrenamientos, mis idas y mis venidas.

10

CAPÍTULO

Mi padre intentaba encontrar el modo de que tuviéramos una discusión, pero siempre lo evadía o simplemente no entraba al trapo, sinceramente era muy incómodo.

El tiempo avanzó un poco más y uno de esos días en los que yo volvía de trabajar, me encontré con una puerta delante de la puerta de mi cuarto. Esa puerta era la del pasillo y mi padre la había quitado porque estaba pintando los marcos de las mismas. Sin querer, al apartar la puerta para acceder a la habitación rocé uno de los marcos que habían sido pintados. Mi padre enfureció y vino derecho a mí gritándome:

—¡Eh! ¿Qué cojones estás haciendo? ¿Eres subnormal o qué te pasa?

—Ostras, tranquilízate, que no ha sido queriendo y no he dejado marca, no te pongas así que no es para tanto.

—¿Cómo que no? Llevas una temporada tocándome los huevos y no paras de hablarme mal.

—Yo no te hablo mal, directamente no te hablo, porque quieres bronca conmigo.

—Así que eso es lo que quieres, ¡bronca!

Mi madre, la pobrecita, se interpuso entre los dos porque mi padre me levantó la mano. La aparte detrás de mí y le dije a mi padre:

—Si tienes lo que hay que tener, dame, que no me pienso contener porque mi madre esté presente, y créeme, que no me voy a cortar un pelo. Eso sí, túmbame, porque como me levante, cobras.

Optó por coger su tabaco y su cartera e irse al bar, como de costumbre.

Cuando volvió, yo no estaba en casa y me maldijo una y otra vez por la impotencia de no haberse salido con la suya. Dijo a mi madre que no lo respetaba y de la mala leche que tenía, estampó un cenicero de cristal contra el televisor. Rompió parte de la pantalla y astilló el mueble, pero por suerte nadie más resultó herido, pero esto trajo daños colaterales por desgracia para todos.

Este hombre intentaba increparme de una manera u otra, pero no lo conseguía y su impotencia lo llevó a irse unos días antes a casa de mi hermano a Jaén, ya que sería bautizado mi sobrino y bajaba la familia al completo.

Así que fuimos a Jaén a ver a la familia y conocer a aquel pequeño, que sólo lo había visto en fotografías.

La pena era que tenía que ver de nuevo a la persona que más quería evitar en el mundo, pero allí estaba. Borracho como una cuba, como se suele decir, y con un aspecto deprimente. Sin lavarse, sin afeitarse, asqueroso a mis ojos y al del resto.

Hablaba yo de daños colaterales y así fue. Justo el día de antes de la celebración, sería después de comer cuando mis padres salieron de casa de mi hermano a dar una vuelta. Yo aproveché para dormir una pequeña siesta y después ducharme. Estando en el cuarto de baño, me pareció oír gritos y el arrastre de sillas, pero no hice mucho caso. Acabé de ducharme y salí tranquilamente cuando me encontré a mi madre sentada en el sofá de casa de mi hermano con una postura rara, estaba encogida, como cuando te duele el estómago:

—Mamá, ¿estás bien?

—Tu padre me ha pegado.

Esa fue la respuesta de ella, balbuceando, y yo no daba crédito a lo que decía y le pregunté:

—¿Qué has dicho?

—Que me he caído y me he golpeado.

—¿Seguro?

—Sí, que una es torpe y he tropezado.

Acto seguido entraron familiares y me dijeron que mi padre había golpeado a mi madre en un bar. Y ella confesó:

—Es que no me lo esperaba. Me lleva a tomar café y cuando se harta de copas me dice que hace mucho tiempo que no me pega, así que me dio bofetadas hasta que me tiró al suelo e incluso estando en el suelo continuaba propinándome puñetazos.

—¿Dónde está ahora?

—No lo sé. Tu hermano se lo ha llevado, pero desconozco dónde.

—Pues ya te puedes separar de él. No pierdas ni un segundo más.

No podía creer que hubiera esperado justo al día antes del bautizo para cometer semejante atrocidad.

Yo estaba muy nervioso y no sabía cómo responder ante tal situación. Cierto es que ya lo había vivido, pero en esta ocasión era muy diferente. En casa ajena y a punto de celebrar lo que debía ser un gran acontecimiento familiar.

Mi hermano llegó al cabo de unos minutos y nos dijo que lo había llevado a la estación para que se marchara a Barcelona.

En aquel momento, pensé que después de lo que le había hecho a su madre, al menos lo patearía como mínimo. Solamente lo llevó a la estación.

Con el tiempo, he comprendido que él debía de tener más ganas que nadie de ponerlo en su sitio, pero debía responder ante su mujer e hijos, y justo antes del bautizo pegarse con un padre era algo muy feo.

Mis tíos, sobre todo el mayor, enloquecían por momentos cuando supieron de lo ocurrido.

Fue entonces cuando me confesaron tantas cosas.

Mi madre me explicó que ya de novios la zurraba, pero que mi abuelo paterno lo mantuvo a raya. Tras el fallecimiento de mi abuelo, fue un descontrol total, porque mi madre estaba casada y con tres hijos y le tenía mucho miedo. En los tiempos que vivimos no entendía ese miedo y más con mis tíos, que la podían apoyar, pero decía que hasta su madre (mi abuela materna) sabía de los malos tratos.

Entonces, ¿todos sabían que la pegaba y aun así lo consentían? Pues así era. Sigo sin explicarme cómo dejaron que eso ocurriese, y por tanto tiempo.

Incluso me explicó que cuando yo era bebé, acompañó a mi padre a un santero y le dijo que yo no era hijo suyo. Mi padre no quería verme y dijo que mi madre era una puta y que con quién se había acostado.

Mi hermano confesó más historias que me dejaron muy tocado. Una de ellas fue que teníamos otro hermano, que no conocíamos, pero que él sí lo había visto y se parecía mucho a él. Un compañero de trabajo de mi padre se lo confesó a mi hermano y lo llevó a ver. Si yo con la noticia me quedé totalmente en blanco, no me quiero imaginar a mi hermano viendo a un clon suyo.

Además, robaba a mi hermano en el bar, casi lo desahucian por su culpa, tenía que tolerar insultos a él y a su familia.

Pero yo seguía sin comprender por qué nadie le había hecho frente. Yo no permitiría que insultaran a mi mujer y mucho menos un familiar, pero así era y todo por miedo.

Fue una tarde muy intensa y apenas pude dormir. Al día siguiente, tocaba celebración y creo que no estábamos mucho por la labor, aunque se hizo con caras largas y, al menos yo, pensando en el regreso a casa y lo que nos íbamos a encontrar. Incluso hubo algunas palabras con los asistentes del convite; me daba mucha vergüenza cuando nos miraban. A saber qué pensarían. Me llamaron la atención, y me dijeron que aquello era motivo de felicidad y poco me faltó para mandar a aquella persona a la mierda. Por respeto me callé, pero creo que tenía que haber dicho lo que todo el mundo pensaba.

Así que tocó volver y afrontar lo que viniera, por duro que fuera.

11

CAPÍTULO

Allí estaba. En su sillón, esperando que entrásemos, y vino a pedirnos disculpas. Yo le tenía tanto asco que dejé de hablarle, para mí era como si no existiera.

Mi madre se dejó convencer porque no tenía dónde ir y parecía que conforme pasaban las semanas todo se relajaba, que el ambiente se había serenado, pero las apariencias engañan.

Por aquel entonces, vivíamos en aquel piso mis padres, mi hermana pequeña y yo. El mayor en Jaén y la segunda en Barberá también, pero con su familia.

Me cerré en banda, porque no quería hablar más con aquel ser despreciable. Era una persona manipuladora y lo tenía que tener todo bajo su control, pero yo me había cansado. Ese día en casa de mi hermano me abrió los ojos por completo. No iba a dejar que aquella persona me pisoteara más e hiciera conmigo lo que le viniese en gana.

Uno de esos días en los que iba a trabajar, sonó el despertador:

—Hola, hijo.

—¿Qué quieres? Sal de mi habitación, anda, que me has asustado.

—Es que quiero que me perdones, que lo pasado, pasado está y que se me fue la mano, eso es todo, que yo quiero cambiar, que yo solo bebo para olvidar.

—Yo no puedo perdonarte, lo siento. Déjame en paz.

Menudo susto cuando me desperté y lo vi sobre mi cama pidiendo perdón. Sinceramente, pensaba que me iba a hacer algo. Creo que es de las pocas veces que lo había visto amistoso.

Así estuvo durante unos días, implorando mi perdón, como si realmente le importara, pero él veía que mi madre se crecía y eso no le gustaba. Así que ingenió su plan para que nos apiadáramos de él. Intentó suicidarse. Lo intentó, pero le salió mal. Se tomó unas pastillas y se emborrachó, pero todo sirvió para que encima lo tuviéramos que acompañar al médico. Debido a este acto, mi madre volvió a asustarse, porque si ya intentaba eso, lo mismo podía intentar algo similar con nosotros y tenía congoja.

Como el plan A no le funcionó, inventó el plan B. Intento de suicidio, pero con una caja de pastillas más potentes y mucho más alcohol.

Aquella noche se escuchó un golpe muy fuerte sobre el suelo, como si cayera algo grande. Salí corriendo a ver qué pasaba y allí estaba. Tirado en el suelo, con la cabeza hinchada como un globo, porque al caerse se había golpeado, posiblemente en el mismo suelo o con la mesa. La respiración era extraña. Lo observé, miré la hora que era y ya había amanecido. Escuché las llaves de casa horas antes.

—Raúl, lo ha vuelto a hacer.

—Sí, ya lo veo.

—¿Llamamos a una ambulancia?

—Mejor no. Lleva muchas horas así. Si ya no le ha pasado nada, no creo que le ocurra ahora.

—¿Entonces lo dejamos así?

—Así es como quiere estar. Además, tan mal no estará cuando ha conseguido entrar en casa por su propio pie y ha abierto la puerta sin mucha dificultad. Esta madrugada ya lo había visto tirado en el suelo y él solito se ha tumbado en el sofá.

Sé que suena cruel, pero fui realista. Él quería llamar la atención y que nos diera pena para volver a tener el control de nuestras vidas, pero ya no queríamos eso. Queríamos vivir tranquilos y bien, no condicionados porque se fuera a suicidar o algún acto destructivo por su parte.

Así que llegó el plan C. Como no conseguía su objetivo, vino otra vez a la calle a buscarme en el trayecto al trabajo.

—Oye, hijo, ¿me vas a perdonar?

—Yo solo puedo perdonarte de un modo.

—¿Cuál?

—Bajar a Jaén y en mi presencia disculparte ante mis tíos y mi hermano y su familia por todo el mal que has hecho.

—Sí, claro, ahora voy a hacer lo que te salga de la polla.

—Lo siento, si no lo haces, no creo que te pueda perdonar nunca.

—Pues es lo que hay.

—¿Insinúas que esta noche vas a intentar suicidarte otra vez?

—No, insinúo que esta noche no hace falta que vuelvas, que ya no vives bajo mi techo.

Aluciné, jamás pensé que me echaría de casa. Así que me marché a trabajar, pero solo pensaba en lo que podría ocurrir aquella noche. Volví y estaba sentado en su sillón viendo la tele. Me miró con cara asesina, pero hice caso omiso. Cené y me fui a dormir.

La noche del día siguiente sí que estaba esperándome. Se emborrachó bien y se creó un gran caos. Me echó, esta vez sí. Pero temía por mi hermana y mi madre, así que llamé a mi hermana mayor para ver si podíamos alojarnos allí. Le comenté todo; como tenía ahora ese instinto suicida, no me fiaba mucho de lo que pudiera hacer. Así que aceptó sin problemas. Recogimos la ropa y nos marchamos.

12

CAPÍTULO

Era extraño dormir en casa ajena. Pese a ser familiares, no estás en tu cuarto con tus pertenencias. Tampoco puedes campar a tus anchas, pero no se estaba mal. Mi padre tuvo la fortuna de que en el tribunal médico le concedieron la baja definitiva y le dieron una paga decente para poder salir adelante, así que vivía como realmente quería. Hacía sus viajecitos a Jaén y nosotros mientras en casa de mi hermana.

Mi madre comenzó con los trámites de separación y pronto recibiríamos la noticia de que a una madre le pertenece el hogar familiar hasta que los hijos menores de edad se independicen. Así que pensé que lo ideal sería negociarlo con mi padre, pero él no negociaba nada: lo que quería, lo cogía.

Pasaron unos meses y mi padre iba acechando a mi madre. Ella trabajaba como modista para varias tiendas y, como sabía su itinerario de trabajo, la esperaba para intentar hablar con ella. No era todos los días, pero sí de vez en cuando. Ella comenzó otra vez a temer por su vida, porque ya comenzaba a ser acoso; uno de esos días me lo encontré en la calle donde vive mi hermana, bastante ebrio y hablando con mi tía.

—¡Eh! ¿Qué pasa, que no reconoces a tu padre por la calle? La verdad es que iba a cruzar de acera para evitar la discusión, pero debía apechugar con la situación.

—Sí.

—¿Querías evitarme?

—Pues sí.

—Pues que sepas que eres un desgraciado, que la vida te tiene que dar muchos palos.

—Lo sé, pero tú no me vas a dar más palos, los que tengan que venir en mi vida, intentaré solucionarlos, no como tú.

—Eres un mierda y te voy a partir la cara. Sabía que tenía que haberte dado más fuerte, como a tu madre. Que eres un sinvergüenza. No tienes respeto a tu padre.

A mí me entró un calor de repente por todo el cuerpo que me consumía. Mi tía me miraba y yo ya iba hacia él con los puños cerrados.

—Te respetaré cuando me respetes.

—¿Que te respete? ¡Pero si eres un cabrón! Has puesto a tu madre en mi contra, eso es de no ser ni hijo ni nada. Para mí no eres mi hijo.

—Ni tú para mí has sido nunca un padre.

—Pues a mi parecer has muerto.

Mi tía, en cierto modo, defendía a mi padre, pero era para quitar hierro al asunto. Volví a cerrar los puños y los ojos también. No sabía qué debía hacer. Nunca había vivido esa situación y pensaba en pegarle tan fuerte que se tragara sus palabras. Era la segunda vez que fui hacia él y mi tía gritó para que me fuera de allí. Mi padre no paraba de chillarme y se tambaleaba de lado a lado:

—No tienes cojones a pegarme. ¿verdad? Es lo más feo que puedes hacer, pegar a un padre.

—Menos mal que no soy como tú. He salido a mi madre. Recuerda que hemos muerto el uno para el otro, así que, adiós. Espero no volver a verte nunca más.

—Eso, ¡vete, so maricón!

Subí a casa de mi hermana temblando, muy nervioso. Comenté el suceso y que aquello se estaba descontrolando. Así que tomé la decisión de echarlo del piso que correspondía por ley a mi madre. En casa de mi hermana, no estábamos mal y estoy muy agradecido por habernos alojado allí, pero no era nuestro hogar.

Estudié los movimientos de mi padre y en una de esas ocasiones, para la Semana Santa, tanto mi padre como mi madre se marcharon por caminos diferentes de vacaciones, así que el piso donde estaba mi padre quedó vacío, sin nadie dentro. Intenté entrar, pero la cerradura era diferente, la había cambiado. Llamé a un cerrajero, explicando que estaba trabajando y me había dejado las llaves dentro de casa. No se fiaba y avisé a una vecina para que le contara a aquel señor que yo vivía allí. Y tuve la fortuna de que abrió, y pude poner otra cerradura e instalarme dentro.

Cuando mi madre volvió, ya no tuvo que quedarse en casa de mi hermana y comenzamos una nueva andadura sin mi padre.

Él intentó volver al piso, pero ya fue avisado de la separación y de la ley que amparaba a la mujer, así que no tenía nada que rascar.

Fijaos en el miedo que pasó aquella pobre mujer, que estando hospedados en casa de mi hermana, en uno de esos días en los que ella iba a las tiendas de ropa a llevar los arreglos de costura, le firmó a mi padre un documento en el cual ella renunciaba totalmente al piso y que le pertenecía a él al cien por cien. Lo hizo para que no la siguiera más. Estaba tan asustada que temía que un día de aquellos en los que la amenazaba con apuñalarla, lo hiciese de verdad.

Por fin comenzamos una nueva vida, lejos de aquel maltratador, mejor o peor, pero con nuestro control sobre ella.

13

CAPÍTULO

Al cabo de unos cuatro años de aquel último suceso, me fui de vacaciones con un amigo a Granada. Como Jaén está relativamente cerca, fuimos a visitar a mi hermano. Comimos con él allí y lo que es la casualidad… Llaman al timbre de abajo. Mi padre.

Seguimos comiendo y él entra al salón. Saludó, pero no me reconoció. Le preguntó a mi hermano que quienes éramos y le dijo que si no reconocía a su hijo de Barcelona.

Se acercó a besarme la mejilla y lo aparté de un empujón. Así que conversé con él:

—Aquí en casa de mi hermano no, hablamos en la calle.

—Vale.

Salimos fuera y estuvimos hablando un buen rato.

—¿No me vas a saludar, hijo?

—¿Pero yo no había muerto?

—Hombre, aquello no me lo tengas en cuenta, que de eso hace mucho tiempo.

—Pues a mí no se me ha olvidado ni se me olvidará.

—Es que me acuerdo mucho de vosotros y de vuestra madre.

—Pues que se te vaya el arrebato de ser marido y padre otra vez, al menos en mi familia.

—No digas eso, hombre.

—Ven, que te voy a enseñar una cosa.

Nos acercamos a mi coche, recién estrenado.

—¿Este es tu coche?

—Sí.

—¿De qué trabajas?

—No te importa, pero atiende a lo que te voy a decir. Desde que no estás en nuestras vidas todo nos ha ido fenomenal. Mi madre tiene buenas amigas, no le falta trabajo y vive muy bien. Mi hermana estudia su carrera en la universidad y está muy contenta. Yo trabajo en una buena empresa y además tengo mis propios logros personales —le mostré una de las revistas de culturismo en las que habían publicado un artículo sobre mí—. Todo va fenomenal. Si hubieras sido una persona decente y amable, todo esto habría sucedido siempre, desde el principio. Ahora lo que tienes que hacer, ya que hace tanto tiempo que no nos vemos, es decirle a mi hermano que te tienes que ir y desaparecer.

—Es que había pensado en subir a ver a tu hermana, porque es mi hija.

—Y yo por desgracia también lo soy, pero ya no soy aquel niño al que machacabas una y otra vez, día sí y día también. Si vuelves, no responderé de mis actos. Te lo juro por mi madre.

Y así lo hizo. Dio media vuelta, habló con mi hermano y se marchó. No lo he vuelto a ver.

Por desgracia, mi madre falleció debido a un segundo cáncer que no pudo superar. Aquella madre era toda una luchadora, aunque no lo pareciera. Estando en el hospital, y con mucho coraje, se disculpó conmigo:

—Hijo, siento mucho lo que te hice de pequeño. Sé que te castigaba muchas veces e incluso te pegaba, pero era para que tu padre no te pusiera la mano encima.

—No te preocupes, mamá, yo sólo quiero que sepas que te quiero, que lo has hecho fantásticamente.

—Es que os he privado de muchas cosas por miedo.

—Lo entiendo, yo estaba allí.

—Es que no sé si me he comportado como una buena madre.

—No lo has hecho tan mal como crees. Todos tenemos nuestros caminos. Con nuestras propias familias y en nuestro propio hogar. Tengo todos los valores que me has inculcado, aunque creas que no lo has hecho bien; nadie lo podía haber hecho mejor que tú, te lo aseguro.

—Entonces me voy tranquila y en paz.

—Gracias, mamá, por ser la mejor del mundo.

Me transmitió una gran paz interior, una tranquilidad difícil de expresar con palabras en aquellas circunstancias. Me quitó un gran peso de encima con aquella conversación.

Recordad que el piso era de uso y disfrute de la madre con hijos a su cargo, hasta que fuesen mayores de edad e independientes. Cuando mi padre supo de las circunstancias, aprovechó para contratar un abogado y echar a mi hermana a la calle para hacerse con el tanto por ciento que le correspondía de aquella vivienda. Hasta que no lo consiguió, no paró. Aún habiéndolo conseguido, mi hermana fue espabilada y se mudó para desconectar también de todo lo vinculante con aquella persona.

14

CAPÍTULO

Y todo lo que he vivido, ¿cómo me ha podido afectar?

Yo puedo opinar, pero mi opinión no contrasta con la que podría dar un profesional, evidentemente. Puedo decir que he sobrevivido. Claro que deja secuelas emocionales, pero puedo vivir con ellas. No he renunciado a lo que creo e intento superarme. Mi mensaje a la gente que ha tenido alguna experiencia similar es que si yo he podido solo, es que vosotros podéis seguro. Hay que ser fuerte y valiente y es lo que quiero transmitir.

Siempre hay buena gente en la que apoyarse en momentos difíciles. Pese a hacer esto individualmente, me he convertido en una persona más independiente. Tengo una especie de coraza y no me gusta que penetren en mi vida con facilidad. Soy desconfiado, frío y calculador. Pero intento cada día dar un poco más de mí, aunque haya entornos y escenarios que me superen. Tengo pocos amigos, pero son los mejores del mundo porque son ellos los que realmente saben cómo soy. Se han esforzado en romper esa coraza y llegar a mí.

No intento justificar mis acciones o mi comportamiento con lo que he vivido, pero sí que marca mucho y me hace empatizar con la gente, aunque a veces me mantenga al margen y no diga nada.

No obstante, miro atrás y he logrado muchas cosas como, por ejemplo, competir en *fitness* y culturismo, aprobar una oposición, viajar al extranjero, rodar en moto en circuito, hacer de modelo, ser mi propio jefe, surcar el cielo con un parapente…

Tengo mis principios como cualquier persona y no los traiciono, porque son los que mi madre me enseñó.

CAPÍTULO FINAL

Este relato no puedo finalizarlo así como así. Sé que al comienzo del libro comenté que este proyecto lo inicié porque ha habido una serie de sucesos reveladores. Esto es muy cierto, pero necesito hacer una aclaración.

No voy a hablar de culpabilidad ni de miedo, esta vez no. Diré con estas palabras lo más profundo que llevo en mi ser. Pese a ser padre y tener a la mujer más maravillosa a mi lado, no hay mes, ni semana, ni día en el que no recuerde a aquella persona que me lo dio todo. No quiero olvidar lo valiente que fue esa mujer que protegió como pudo a sus críos. No puedo dejar de pensar en lo egoísta que he sido al no ayudarla más. Pese a las dificultades que pasó, siempre salió adelante. Nunca faltó un plato de comida en casa. El hecho real de que yo me envalentonara y me enfrentara a mi padre no era más que la esperanza que veía en aquellos ojos llenos de ternura. Cierto es que no dejo que me pisotee nadie ni nadie debería dejarse pisotear. Uno no es mejor que otro. Pero ella vio en mí lo que nadie había visto. Esa ilusión que vio en mí me hizo crecer. Su orgullo eran sus hijos y no olvido su mirada llena de lágrimas de emoción por ver a su hijo en un escenario. La misma mirada que cuando tenía yo ocho años y le llevaba el regalo que hacíamos en el colegio con cartulina. Me hacía sentir un niño, aunque tuviera veinte años. Su generosidad era abrumadora. Le faltaba tiempo para llevar un regalo al familiar que hiciera falta e interesarse por la salud de cualquiera.

No creo en el dicho de que «cada uno tiene lo que se merece» porque no es cierto. Una persona tan noble no merecía marcharse tan joven y con su segunda juventud por disfrutar. Esos planes que tenía y todo lo que decía que se iba a perder. Pero si de algo siento orgullo es que la mejor persona que he conocido en la vida sea mi madre. Has sido, eres y serás siempre mi heroína y todo un ejemplo a seguir. Qué ciego he estado buscando un modelo a seguir teniéndote en casa. Gracias por haberme cuidado. Nunca te olvidaré, mamá. Te quiero más cada día que pasa. Este libro es para ti.

Con cariño, tu hijo Raúl.

AGRADECIMIENTOS

Quiero reconocer también a la gente que me ha apoyado en este proyecto y a la que tanto he hecho sufrir con esta lectura. Sin vuestra ayuda no habría sido posible. Muchas gracias de corazón.

Para aquellas personas que han pasado por mi vida y han compartido buenos momentos:

Barca, Fuster, Guerrero, González, Pérez, Velasco, Campaña, Villena, Menal, Serrano, Rodríguez, Villanueva, Vallcanera, Barrachina, Navarro, Candelas, Osuna, De Haro, Cano, Ibáñez, Montero, Escudero, Torregrosa, Reyes, Chacón, Cañete, Castilla, Suquet, Blanca, Molina, Yuste, Moreno, Berbel, Almazán, Martínez Cascales, Martín, Martínez, Vidal, Rivas, Hernández, Sabalete, Pineda, Vizcaíno, Acosta, Espinoza, García, Cortés, Chaves, Fernández, Villegas, Sánchez, García Cortijos, Ortiz, Miranda, Blanco, Vinader, Aguilella, Herrera, Roma, Romero, Cabanillas, Torrejón, Florido, Tejada, Sebastián, Rodríguez, Romero, Jarpa, Marchal, Sol, Poly y Marc Retro, Puertas, Villacampa, Castellanos, Cubero, Costa, Grau, Jiménez, Vilas, Llort, Ramos, Lorenzo, Expósito, Vinardell, Carranza, Carbonell, Sánchez Viejo, Cruz, Brizola, Franco, Muñoz, Serratacó, De la Rica, Arroyo, Lucena, Conejo, Cid, Gonzálvez, Moral, Hernando, Siles, Amate, Joyanes, Ruzafa, Cabanas, Rubio, González Romero, Reyes Mateo, Marcos, Bonilla, Peña, Gordillo, Ardil, Montes, Moya, López, Úbeda, Pino, Real, Miranda, García, Barri, Rueda, Vega, Mohedano, Vergara, Ramírez, Jorquera, Sanz, Escribano, Soriano, Paniello, Campos. A todas esas personas cuyo apellido no logro recordar, a los moteros y moteras que han compartido rutas y pista conmigo, a todos los compañeros con los que he trabajado, a familiares, que por la distancia no puedo ver a menudo… Os agradezco que hayáis compartido buenos momentos conmigo. Abrazos para todos y nos vemos pronto.

Este libro se terminó de imprimir
en Almería durante el mes de marzo de 2015